ELON

LAURA MURPHY

NIA PARRY

Cyhoeddwyd gyntaf yng Nghymru yn 2022 gan Atebol Cyfyngedig, Adeiladau'r Fagwyr, Llanfihangel Genau'r Glyn, Aberystwyth, Ceredigion, SY24 5AQ. Ysgrifennwyd gan Laura Murphy. Addaswyd gan Nia Parry. Darluniwyd gan Elin Vaughan Crowley. Dyluniwyd gan Gareth Davies. ISBN 978-1-80106-297-8. First published in Wales in 2022 by Atebol Cyfyngedig, Adeiladau'r Fagwyr, Llanfihangel Genau'r Glyn, Aberystwyth, Ceredigion, SY24 5AQ. Written by Laura Murphy. Adapted by Nia Parry. Illustrated by Elin Vaughan Crowley. Designed by Gareth Davies. ISBN 978-1-80106-297-8.

Ysgrifennwyd y stori hon er mwyn gwneud i blant gredu fod ganddyn nhw'r gallu i newid y byd er gwell.

Eliffant Coedwig Affricanaidd yw Elon, ac mae'n byw yn fforest law anhygoel y Congo yn Affrica. Mae'r fforest law yn gartref i filoedd o anifeiliaid, pobl a choed. Mae'r coed yn bwysig iawn gan eu bod yn storio llawer iawn o garbon, ac mae hynny'n helpu yn y frwydr yn erbyn newid hinsawdd. Yn anffodus, mae cartref Elon yn cael ei ddinistrio er mwyn clirio tir i dyfu bwyd a chreu cynhyrchion rydyn ni yma yng Nghymru yn eu defnyddio. Ond mae llawer o bethau y gallwn ni eu gwneud er mwyn newid pethau er gwell. I ddysgu mwy, ac i weld llwyth o adnoddau cyffrous am Elon, sganiwch hwn:

Mae Maint Cymru yn elusen sy'n cydweithio â chymunedau lleol a chynhenid mewn rhanbarthau trofannol er mwyn eu cefnogi i amddiffyn eu fforestydd gwerthfawr, i dyfu mwy o goed, ac i sefydlu bywoliaeth gynaliadwy. sizeofwales.org.uk/cy

This story was written to give children the belief that they have the power to make a positive difference in the world.

Elon is a forest elephant living in the amazing Congo Rainforest in Africa. The rainforest is home to thousands of animals, people, and trees. The trees are very important as they store huge amounts of carbon which helps in the fight against climate change. Sadly, Elon's home is being destroyed to clear land to grow and create food and products that we use here in Wales. But there are lots of things we can do to change things for the better. To find out more, and to see lots of exciting Elon resources, scan here:

Size of Wales is a charity that works with local and indigenous communities in tropical regions to support them to protect their precious forests, grow more trees, and establish sustainable livelihoods. sizeofwales.org.uk

FSC
MIX
Paper
FSC® C102875

Mewn gwlad heddychlon, a llawn o **hud**,
a gwlad sydd bron yn goedwig i **gyd**,
tywynnai'r haul drwy frigau'r **coed**
a chanai'r adar mor dlws ag **erioed**.

In a magical land filled
with trees tall and ***proud****,*
where the sun dappled leaves
and the bird-song was ***loud****.*

Ac yno yng nghanol y goedwig **hon**

roedd llwyth o eliffantod **llon**,

ac yn eu plith roedd Elon **fach**

a hoffai deimlo'r awyr **iach!**

A land where the creatures

freely skipped and ***ran****,*

an elephant named Elon

was hatching a ***plan****.*

Roedd Elon, rhwng popeth,
yn hoff iawn o **ddŵr**

a chwarae cuddio –
roedd hynny'n **siŵr**.

The youngest and smallest
of all the herd,

Breuddwydiai hefyd am deithiau **di-ri-**
mentro a chrwydro oedd ei phethau **hi**.

she loved bathing and playing
hide and seek with the **birds!**

Ond hi oedd yr eliffant ieuengaf **un**,
a châi hi ddim crwydro ar ei phen ei **hun**.

But Elon was fed up of listening
to Mum and to ***Dad****.*
"Stay close and be safe."
"But there's adventure to be ***had!****"*

Ond yna, un noson, o dan awyr **dlos**,
aeth Elon o olwg y llwyth ar y **rhos**.

So as darkness fell and the stars whispered
good night,
away from the herd, Elon crept
out of sight.

Aeth drwy afonydd, a thros y **bryn**,

nes dod o'r diwedd at lan rhyw **lyn**.

Through the river she splashed,

over boulders she **climbed**,

til the moon lit her way to
an enticing find.

Ac yna, wrth iddi nofio'n llon,
mi welodd greadur newydd sbon.

A beautiful lake that stretched out for miles!
"A midnight swim!" Elon thought with a smile.

Rhyw fwystfil mawr melyn
â'i fraich fel **rhaw**,
yn dymchwel pob coeden
fan hyn a fan **draw**.

But the peace and her joy
were far too soon ***shattered****,*
strange creatures were chopping
down trees with a ***clatter!***

Taranai'r bwystfil wrth ddifetha'r **tir**.

Pam gwneud hyn oll? Dirgelwch yn **wir!**

One by one the trees fell to the ***ground****,*

Elon watched on with horror,

but didn't let out a ***sound****.*

Rhedodd Elon drwy
gydol y **nos**,

yn ôl at y llwyth oedd
draw ar y **rhos**.

She raced through the night thinking,
"How can I save the **trees?**"

"I'm so young and so small –
who will listen to **me?**"

"Sut galla i achub
y coed?" holodd **hi**.

"Wnaiff neb byth wrando
ar fabi fel **fi**."

As the sun stretched and yawned,
the herd started to ***wake****,*

Elon rushed to the leader –
she tried not to ***shake****.*

Esboniodd yn bwyllog beth welodd fan **draw**,
ac adrodd y stori am y bwystfil â **rhaw!**

"I know it was wrong
wandering off by ***myself****,*
but they're destroying the forest
and the trees need our ***help!****"*

"Brysiwch, da chi, neu bydd hi'n rhy **hwyr** –
maen nhw'n difetha'r goedwig yn **llwyr!**"

The leader agreed with
a nod of her **head** –

a loud TARUUUMPH
gave the order, and
off they **sped**.

Rhedodd y llwyth i gyd ar **ras**,
nes dod i le roedd y bwystfil mawr, **cas**.

Rhuodd Elon yn
gryf ac yn **groch**,

gan chwythu drwy'i thrwnc
yn uchel fel **cloch**.

At last they were met
with a terrible ***sight****,*
through a thick cloud of smoke,
trees were burning ***alight****.*

Ond er i'r bwystfilod ei chlywed **hi**,
doedd ganddi ddim digon o nerth yn ei **chri**.

Elon bravely stepped forward,
so young and so ***small****,*
but the creatures carried on hacking,
taking no notice at ***all****.*

Ond yna, o'r diwedd, y llwyth ddaeth **ynghyd**

a gweiddi yn uchel – yn ffyrnig i **gyd**.

But the herd stood together, and let out an almighty **sound**.

The deafening warning travelled for miles **around**.

Rhewodd pob bwystfil wrth glywed eu **llef**.
"Caiff y coed 'ma aros – awn 'nôl am y **dref**."

The creatures were terrified,
and started to **freeze**.
They surrendered their weapons,
sparing the **trees**.

"Da iawn!" meddai pennaeth y llwyth yn **llon**.
"Dan ni wedi ennill y frwydr **hon!**"

The leader said proudly,
"Elon, well **done!**"

"Drwy weithio 'da'n gilydd, a thynnu **ynghyd**
a dal ein tir - achubwn ein **byd**."

"When we all worked together,
the battle was ***won****."*

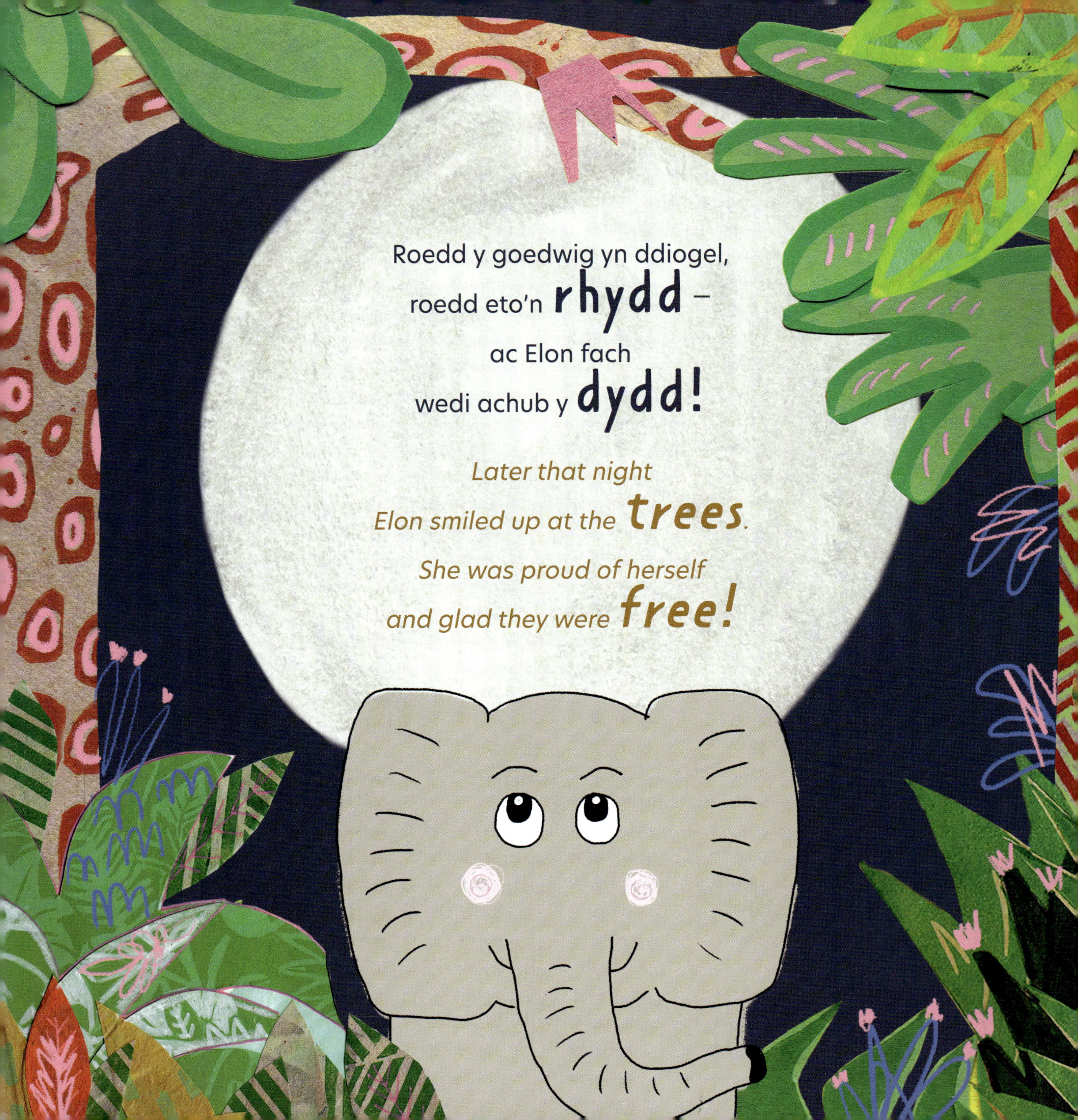

Roedd y goedwig yn ddiogel,
roedd eto'n **rhydd** –
ac Elon fach
wedi achub y **dydd!**

Later that night
Elon smiled up at the ***trees****.*
She was proud of herself
and glad they were ***free!***